AF338986

NAPOLÉON

PROSCRIT A CORPS,

EMPEREUR

A Grenoble, mars 1815

Par son officier d'ordonnance,

Le général d'artillerie REY.

GRENOBLE

TYPOGRAPHIE REDON, RUE DERRIÈRE SAINT-ANDRÉ

—

1852

AU PRINCE LOUIS-NAPOLÉON.

Prince,

Vous honorez de votre présence les lieux qui furent en 1815 le berceau de l'Empire et qui permirent à l'aigle impériale de voler de clocher en clocher jusqu'aux tours de Notre-Dame. — Lieux pleins encore des souvenirs qu'y a gravés l'Empereur et qui ont été célébrés par les historiens de toutes les époques.

Mais, comme si Celui dont la vie entière fut une épopée avait besoin que l'exagération vînt enfler les détails de cet épisode, le plus émouvant dont l'histoire ait conservé le souvenir, tous se sont écartés de la vérité.

A la demande de mes compagnons d'armes, de ceux qui accueillirent l'Empereur à la frontière de notre département, le suivirent à Paris, à Waterloo, conservèrent, conservent aujourd'hui encore le culte de ce grand nom, je prends la plume pour retracer l'historique exact de ce qu'ils ont fait, de ce qu'ils ont vu, de ce que j'ai fait et vu moi-même en ces jours d'enthousiasme et de bonheur. Si jamais, prince, vous parcourez ces lignes, vous connaîtrez du moins la vérité. Je la présente simple et dépouillée de toutes les fictions qui ne peuvent qu'en ternir l'éclat. — Un vieux soldat fait et raconte, il ne brode pas.

Je suis avec le plus profond respect,

Prince,

Votre très humble et très fidèle serviteur,

Général REY,

Officier d'ordonnance de l'Empereur en 1815.

Un an ne s'était pas écoulé encore depuis que l'Europe, coalisée contre la France, qui, depuis 25 ans, avait promené dans toutes les capitales ses armes victorieuses, avait replacé sur le trône la famille des Bourbons, et déjà cette famille s'était aliéné le cœur de la grande majorité de la nation. Son trône, que ne défendait plus la présence d'un million de baïonnettes étrangères, vacillait; l'armée, ce boulevard de l'ordre, obéissait à la discipline, mais elle n'obéissait qu'avec répugnance; elle voyait à sa tête des généraux de parade ; de brillantes épaulettes avaient remplacé celles que les soldats aimaient, parce que, sous leurs yeux, la fumée de la poudre en avait terni l'éclat; le peuple était dans l'inquiétude, il avait perdu la gloire, il n'avait pas trouvé la liberté; l'anxiété était générale.

Tout à coup le bruit, un bruit sourd, se répand ; l'empereur, échappant aux croisières françaises et anglaises, vient de débarquer au golfe Juan (Provence). Il n'a avec lui que quelques débris de sa vieille garde. Le gouvernement du roi s'émeut ; une proclamation royale déclare traître à la patrie celui qui a porté si loin la gloire du nom Français; elle enjoint de lui courir sus ; et, pour assurer l'exécution de cet ordre, des mesures formidables sont prises ; les maréchaux de France sont envoyés dans les chefs-lieux de leurs divisions militaires; les troupes sont concentrées sur les lieux que l'empereur doit traverser; le comte d'Artois est expédié à Lyon, le duc d'Orléans (Louis-Philippe) et le maréchal Mac-Donald l'accompagnent. Ils arrivent dans cette ville le 7 mars.

Loin de moi la pensée de rappeler ici les mensonges

officiels et les fanfaronnades que le *Moniteur* a consignés. Ces tristes souvenirs ne doivent pas trouver place sous la plume d'un soldat. J'ai hâte d'arriver aux épisodes de cette révolution miraculeuse qui sont dignes de l'Empereur, et dont le département de l'Isère a seul commencé à être le théâtre.

Débarqué au golfe Juan le 1er mars, Napoléon arrivait à Gap le 6. Aucun incident particulier n'avait encore marqué sa route ; son coup d'œil d'aigle, la rapidité de ses mouvements avaient protégé sa marche et favorisé ses premiers pas ; il était dans la France, mais il était seul encore. A Gap, la scène change de face.

L'Empereur fait distribuer ses proclamations datées du golfe Juan, on lit avec avidité cette page patriotique de notre histoire, que chacun s'arrache des mains.

Au golfe Juan, le 1er mars 1815.

NAPOLÉON, par la grâce de Dieu et les constitutions de l'État, empereur des Français, etc., etc., etc.

À L'ARMÉE.

Soldats !

Nous n'avons pas été vaincus, deux hommes, sortis de nos rangs, ont trahi nos lauriers, leur pays, leur Prince, leur bienfaiteur.

Ceux que nous avons vus pendant 25 ans parcourir toute l'Europe, pour nous susciter des ennemis ; qui ont passé leur vie à combattre contre nous dans les rangs des armées étrangères, en maudissant notre belle France, prétendraient-ils commander et enchaîner nos aigles ; eux qui n'ont jamais pu en soutenir les regards ? Souffririons-nous qu'ils héritent du fruit de nos glorieux travaux ; qu'ils s'emparent de nos hommes, de nos biens ; qu'ils calomnient notre gloire ? Si leur règne durait, tout serait perdu, même le souvenir de ces immortelles journées. Avec quel acharnement ils les dénaturent ? Ils cherchent à empoisonner ce que le monde admire, et s'il reste encore des défenseurs de notre gloire, c'est parmi ces mêmes ennemis que nous avons combattu sur le champ de bataille.

Soldats ! dans mon exil, j'ai entendu votre voix ; je suis arrivé à travers tous les obstacles et tous les périls ; votre Général appelé au trône par le choix du peuple, et élevé sur vos pavois, vous est rendu ; venez le joindre....

Arrachez ces couleurs que la nation a proscrites, et qui, pendant vingt-cinq ans, servirent de ralliement à tous les ennemis de la France ; arborez cette cocarde tricolore ; vous la portiez dans nos grandes journées.

Nous devons oublier que nous avons été les maîtres des nations ; mais nous ne devons pas souffrir qu'aucune se mêle de nos affaires.

Qui prétendrait être maître chez nous ! Qui en aurait le pouvoir ? Reprenez ces aigles que vous aviez à Ulm, à Austerlitz, à Iéna, à Eylau, Friedland, à Tudella, à Eckmulh, à Essling, à Wagram, à Smo-

lensk, à la Moscowa, à Lutzen, à Vurken, à Montmirail. Pensez-vous
que cette poignée de Français, aujouru'hui si arrogants, puissent
en soutenir la vue ? Ils retourneront d'ou ils viennent, et là, s'ils le
veulent, ils règneront comme ils prétendent avoir régné depuis dix-
neuf ans.

Vos biens, vos rangs, votre gloire ; les biens, les rangs et la
gloire de vos enfants, n'ont pas de plus grands ennemis que ces
princes que les étrangers nous ont imposés ; ils sont les ennemis
de notre gloire, puisque le récit de tant d'actions héroïques, qui
ont illustré le peuple français combattant contre eux, pour se sous-
traire à leur joug, est leur condamnation.

Les vétérans des armées de Sambre-et-Meuse, du Rhin, d'Italie,
d'Egypte, de l'Ouest, de la grande armée, sont tous humiliés ; leurs
honorables cicatrices sont flétries ; leurs succès seraient des crimes ;
ces braves seraient des rebelles, si, comme les ennemis du peuple,
les souverains légitimes étaient au milieu des armées étrangères.

Les honneurs, les récompenses, leur affection sont pour ceux qui
les ont servis contre la patrie et nous.

Soldats ! Venez vous ranger sous les drapeaux de votre chef ; son
existence ne se compose que de la vôtre ; ses droits ne sont que
ceux du peuple et les vôtres ; son intérêt, son honneur, sa gloire,
ne sont autres que votre intérêt, votre honneur et votre gloire. La
victoire marchera au pas de charge : l'aigle, avec les couleurs natio-
nales, volera de clocher en clocher jusqu'aux tours de Notre-Dame ;
alors vous pourrez montrer avec honneur vos cicatrices ; alors vous
pourrez vous vanter de ce que vous aurez fait ; vous serez les libéra-
teursde la patrie. Dans votre vieillesse, entourés et considérés de
vos concitoyens, ils vous entendront avec respect, raconter vos hauts
faits ; vous pourrez dire avec orgueil : Et moi aussi je faisais partie de cette grande armée, qui est entrée deux fois dans les murs
de Vienne, dans ceux de Rome, de Berlin, de Madrid, de Moscou, et
qui a délivré Paris de la souillure que la trahison et la présence
de l'ennemi y ont empreinte.

Honneur à ces braves soldats, la gloire de la patrie ! et honte
éternelle aux Français criminels, dans quelque rang que la fortune
les ait fait naître, qui combattirent 25 ans avec l'étranger, pour dé-
chirer le sein de la patrie.

Signé NAPOLÉON.

Par l'Empereur,
Le grand-maréchal, faisant fonction de major-général
de la grande armée,   BERTRAND.

Au golfe Juan, le 1er mars 1815.

LES GÉNÉRAUX, OFFICIERS ET SOLDATS DE LA GARDE IMPÉRIALE,

Aux Généraux, Officiers et Soldats de l'Armée.

Soldats, Camarades !

Nous vous avons conservé votre Empereur, malgré les nombreu-
ses embûches qu'on lui a tendues ; nous vous le ramenons au travers
des mers, au milieu de mille dangers ; nous avons abordé sur la terre
sacrée de la patrie avec la cocarde nationale et l'aigle impériale.
Foulez aux pieds la cocarde blanche ; elle est le signe de la honte

et du joug imposé par l'étranger et la trahison. Nous aurions inutilement versé notre sang, si nous souffrions que les vaincus nous donnassent la loi !!!

Depuis le peu de mois que les Bourbons règnent, il vous ont convaincus *qu'ils n'ont rien oublié ni rien appris.* Ils sont toujours gouvernés par des préjugés ennemis de nos droits et de ceux du peuple.

Ceux qui ont porté les armes contre leur pays, contre nous, sont des héros ; vous, vous êtes des rebelles à qui l'on veut bien pardonner, jusqu'à ce qu'on soit assez consolidé par la formation d'un corps d'armée d'émigrés, par l'introduction, à Paris, d'une garde *suisse,* et par le remplacement successif de nouveaux officiers dans vos rangs ! Alors, il faudra avoir porté les armes contre sa patrie pour pouvoir prétendre aux honneurs et aux récompenses ; il faudra avoir une naissance conforme à leurs préjugés pour être officier : le soldat devra toujours rester soldat ; le peuple aura les charges et eux les honneurs.

En attendant le moment où ils oseraient détruire le Légion-d'Honneur, ils l'ont donnée à tous les traîtres, et l'ont prodiguée pour l'avilir ; ils lui ont ôté toutes les prérogatives politiques que nous avions gagnées au prix de notre sang.

Les 400 millions du domaine extraordinaire sur lesquels étaient assignées nos dotations, qui étaient le patrimoine de l'armée et le prix de nos sueurs, ils se les sont appropriés.

Soldats de la grande nation ! Soldats du grand Napoléon ! consentiriez-vous à l'être d'un prince qui, vingt ans, fut l'ennemi de la France, et qui se vante de devoir son trône à un prince, régent d'Angleterre !

Tout ce qui a été fait sans le consentement du peuple et le nôtre, et sans nous avoir consultés, est illégitime.

Soldats ! Officiers on retraite ! Vétérans de nos armées ! venez avec avec nous conquérir le trône, palladium de nos droits, et que la postérité dise un jour : « Les étrangers, secondés par des traî-« tres, avaient imposé un joug honteux à la France, les braves se « sont levés, et les ennemis du peuple, de l'armée ont disparu et « sont rentrés dans le néant. »

Soldats ! la générale bat, nous marchons ; courez aux armes ! venez-nous rejoindre, joindre notre Empereur et nos aigles tricolores.

Signés à l'original :

Baron CAMBRONNE, général de brigade. — Chevalier MALLET, lieutenant-colonel, major du 1ᵉʳ bataillon des chasseurs à pied de la garde.
Artillerie de la garde : CORNUEL, capitaine ; — RAOUL, id. ; — LANOUE, lieutenant ; — DEMONS, id.
Infanterie de la garde : LOUBERT, capitaine ; — LAMOURETTE, id. ; — MOMPEZ, id. ; — COMDD, id. ; — DEOUEUX, lieutenant ; — THIBAULT, id. ; — CHAUMET, id. ; — FRANCONNIN, id. ; — LABORDE, id. ; — EMERY, id. ; — NOISOT, id. ; — ARNAUD, id.
Chevau-légers de la garde : Le baron JERZMANOUSKI, major ; — BALINSKI, capitaine ; — SCHLTZH, id. ; — FINTOSKI, lieutenant ; — SKORONSKI, id.

Marine : TAILLARDE, capitaine de frégate, commandant les marins de la garde.

SERE-LANAUZE, lieutenant de la garde ; — PARIS, id. ; — DUGUE-NOT, id. ; — BAILLOU, adjudant du palais ; — DECHAMPS, id. ; — LERVAT, lieutenant ; — BEGOT, id. ; — JEMMERT, id.

> Signé : *Le général de division, aide de camp de S. M. l'Empereur, aide-major-général de la garde,*
>
> COMTE DROUOT.

Ces paroles brûlantes provoquent les acclamations qui accueillent Napoléon, mais la population ne l'escorte pas dans sa marche. Un seul habitant de la ville, le sieur Roux, ancien garde d'honneur, se met à sa suite. A Saint-Bonnet, les acclamations redoublent, Napoléon en est touché, il remercie avec effusion ; il pressent les dispositions chaleureuses et sympathiques de l'Isère. Il arrive à Corps.

A peine descendu à l'hôtel du Palais, chez M. Dumas, tous les anciens militaires viennent se présenter à lui et lui renouveler l'offre de leurs services. Il remercie, mais il refuse. Il est pauvre encore, et toutefois il gratifie de récompenses pécuniaires ceux qui sont dans le besoin, il accorde quelques priviléges à d'autres. Parmi ces derniers, Charles Long, qui avait servi dans le 4e d'artillerie, obtient un brevet de libraire, dont il jouit encore aujourd'hui.

L'Empereur est désormais sur une terre amie. Pour pénétrer plus avant, il sent que ses instants sont précieux ; il divise sa petite troupe en trois corps : l'avant-garde, composée de 40 hommes, sous les ordres de Cambronne, et qui part dans la nuit de Corps ; le centre, qu'il garde auprès de lui, et dont l'effectif est à peine de 500 hommes ; enfin le troisième corps qui forme l'arrière-garde.

Le 7 mars au matin, Napoléon se met en marche, et l'Empereur, en quittant Corps, dit à la population entière qui l'entoure : — Désormais je suis chez moi, je suis dans ma famille, je me crois à Paris, sous peu je reverrai la colonne si chérie de la France.

Cambronne avait pris le devant pendant la nuit. Après une courte halte aux Souchons, commune de La Salle, il avait expédié sur La Mure quelques cavaliers et chasseurs à pied en éclaireurs. Quatre d'entre eux entrèrent à minuit chez le cafetier Bertier, où étaient encore l'adjoint et trois habitants du pays. Ils demandent la goutte militaire. Un carafon leur est apporté. — Est-ce ainsi, dirent-ils, en riant, qu'on sert les grenadiers de l'Empereur ? — Donnez-nous un litre.

Au nom de l'Empereur, les oreilles se dressent, l'échange du carafon se fait, et les quatre braves, emplissant leur verre, portent la santé de leur maître.

Ce toast éveille l'attention des bourgeois qui étaient là, ils remarquent les cocardes tricolores. Pour eux, il n'y a plus de doute, les bruits qui avaient circulé dans la journée se confirment, Napoléon approche. Ils serrent la main des grenadiers et comme eux crient avec force : Vive l'empereur !

L'éveil était donné, les grenadiers sortent et bientôt ils reparaissent avec tous leurs camarades de l'avant-garde, le général Cambronne est à leur tête, ils traversent La Mure aux cris de vive l'Empereur ! En un clin d'œil la ville est sur pied, elle unit ses acclamations aux leurs, elle illumine toutes ses croisées, elle se mêle à la troupe, elle l'escorte et la complimente.

Tout cela se passait au milieu de la nuit.

Sur les huit heures du matin, un officier des lanciers polonais arrive près de La Mure, il est rejoint sur-le-champ par le chef de bataillon en retraite, Girard, et par le capitaine Favier, qui se rendent auprès de l'Empereur, au delà du pont du Ponthaux, et reviennent à sa suite. Il était 11 heures quand l'Empereur fit son entrée dans cette ville (1). Il est accueilli par toute la population aux cris prolongés de vive l'empereur ! En passant devant l'hôtel Seymat, il accepte un verre d'eau sucrée que lui offre Mlle Seymat, mais il veut rester en plein air pour faciliter à tous l'accès auprès de lui.

Un déjeuner est servi sur le champ appelé le Calvaire. L'Empereur voit venir à lui l'abbé Bonnet, vi-

---

(1) Un des royalistes les plus courageux de Grenoble était parti la veille, s'engageant à en finir avec l'*ogre de Corse* et jurant qu'il lui passerait sur le corps avant de pouvoir arriver à Grenoble. Le S^r. P... tint sa parole et donna une preuve éclatante de son courage. En apercevant à Pontaud les premiers lanciers qui escortaient l'Empereur, il se réfugia sous le pont que l'Empereur allait traverser et ne quitta son asile que plusieurs heures après le passage de Napoléon et ne rentra dans la Mure que la nuit, tremblant de frayeur et se dérobant à tous les regards.

caire du lieu, puis un jeune officier de cavalerie, avec le costume qu'il portait dans les gardes d'honneur et qu'il s'était hâté de revêtir pour se présenter à l'Empereur. En voyant l'enthousiasme du jeune Badier, âgé alors de 19 ans, l'empereur lui ouvre ses bras et en l'embrassant, lui dit : — Que demandes-tu ? — A vous suivre, sire. — As-tu ton cheval ? — Oui, sire. — Va auprès du général Jermanowski, qui est dans cette auberge, et il la lui montre du doigt, puis trouve-toi à l'entrée de Grenoble.

Le jeune Badier se rendant auprès de Jermanowski, rencontre le général Bertrand, et d'après ses instructions, enrôle tous les jeunes Murois que la présence de l'Empereur électrisait; il forme le noyau des braves qui devaient, le surlendemain, se diriger sur Paris, à la suite du bataillon sacré.

L'Empereur ordonne alors la distribution des proclamations qu'il avait fait imprimer à Gap.

Tout le monde en veut, tous se les arrachent, et aux cris plus enthousiastes encore de Vive l'Empereur ! Napoléon se met en route. Un seul escadron lui sert d'escorte, l'escadron si justement nommé Napoléon.

Pendant que l'Empereur poursuit sa route au milieu de ces triomphes renouvelés à chaque bourgade,

Son débarquement est connu à Grenoble par les proclamations de la préfecture. Cette nouvelle produit sur l'armée et sur les citoyens un effet entièrement contraire à celui que l'autorité espérait. On fait publiquement des vœux pour le triomphe de l'empereur. Les manifestations qui éclatent de toutes parts ne laissent d'ailleurs aucun doute sur la disposition du peuple et de la garnison; l'un et l'autre veulent proclamer de nouveau Napoléon empereur des Français. L'enthousiasme parmi les soldats est poussé à ce point, que quelques-uns d'entre eux lisent à genoux les proclamations annonçant son débarquement et son retour. Dès lors, il est facile de prévoir que la nation, blessée par la présence des étrangers sur le sol de la patrie, va de nouveau confier sa destinée au seul homme qu'elle croit capable de la délivrer de ses ennemis. Cette pensée, commune à tous, sert de base à toutes les conversations; les moindres événements sont discutés et appréciés suivant le degré de confiance que chacun a dans le succès de cette entreprise.

Tout à coup, l'attention publique est éveillée plus fortement par la proclamation suivante, que Jean Dumoulins répand dans Grenoble et que lui a fait parvenir Emery (Apollinaire).

Ces paroles brûlantes de patriotisme électrisent tous les cœurs; l'incertitude n'existe plus pour personne, l'empereur approche; mais que faire pour le seconder et assurer le succès de son entreprise? Telle est la question que chacun se fait, que je me fais à moi-même, lorsqu'après un rapide entretien avec les officiers supérieurs du 4e régiment d'artillerie en garnison à Grenoble, je prends la résolution d'aller au-devant de l'Empereur. Je brûle de lui donner l'assurance que son entrée à Grenoble s'opèrera sans qu'il soit nécessaire de répandre une seule goutte de sang. Je me garde bien de communiquer ma résolution à qui que ce soit, je sais trop que toute conspiration qui a des confidents est fatale aux conspirateurs, et ne tourne ordinairement qu'à l'avantage d'un traître.

Fortifié dans ma résolution par la disposition générale des esprits, je m'achemine seul sur la route de Gap, dans l'espoir d'y rencontrer l'empereur ou quelques personnes de sa suite.

Je me rends d'abord à Vizille; les habitants sont dans un état d'animation difficile à décrire, et cette animation a été produite par le passage récent d'une compagnie de sapeurs du génie, qui allait rejoindre le bataillon d'avant-garde royale placé à Laffrey, afin d'y surveiller les mouvements de l'Empereur, et le projet qu'on lui prêtait, de faire sauter le pont de Vizille pour couper, au moins sur ce point, la communication avec Grenoble. M'emparer de cette idée et la faire tourner à l'avantage de la cause que je voulais servir fut l'affaire d'un moment.

Pourquoi donc, dis-je aux groupes réunis, pourquoi faire sauter le pont de Vizille, et priver ainsi tous les habitants des avantages qui résultent pour eux de ce seul moyen de communication avec les montagnes et les départements voisins? Pourquoi? Pour empêcher l'Empereur d'arriver, mais ce moyen est sans succès, car il suivra la rive gauche de la Romanche, et, puisque tous les Français le désirent, votre pont de plus ou votre pont de moins, rien ne l'arrêtera dans sa marche. Allons donc sur le pont, notre présence suffira pour le garantir; puis de là, nous verrons arriver l'Empereur et nous serons des premiers à le saluer.

L'effet ayant suivi de près ces observations et une foule compacte se pressant sur mes pas, je pus me convaincre qu'à Vizille comme à Grenoble, la cause de l'Empereur avait de très nombreux partisans. Je continue donc ma route liant conversation avec tous ceux que je rencontrais, et chemin faisant, quelques cris de : *Vive l'Empereur !* furent proférés par ceux dont j'étais devenu le compagnon de voyage.

J'arrive ainsi au village de Laffrey, où je rencontre le chef de bataillon du génie, M. Tournade, auquel je proposai, en qualité de vieux camarade de l'armée d'Italie, de partager un mauvais déjeuner. En déjeunant, nous causions sur les événements du jour, mais mon langage est sans succès auprès de lui. Vous voulez, me dit-il, servir la cause de l'Empereur; pour moi, je veux rester fidèle à celle du roi, et rien ne pourra ébranler ma conviction. Dans ce cas, lui dis-je, allons sur le terrain pour assister au dénouement qui se prépare, car l'Empereur ne doit pas tarder à se présenter devant les avant-postes.

Nous sortons, en effet, moi avec l'intention de franchir la ligne des avant-postes, et lui pour y conserver son poste. — Par où passer pour franchir cette ligne, lui dis-je ? — Impossible, me répond-il. — Il faut cependant que je la franchisse, et sa réponse était toujours aussi laconique et aussi nette, lorsqu'un grenadier, en faction sur la ligne, dit tout haut : « Puisqu'il veut passer, qu'il vienne ici, et il passera. » De ma vie je n'ai obéi à une injonction avec autant de promptitude. En un instant, je suis auprès du grenadier, je prends la lisière d'un bois et j'aborde l'avant-poste impérial. J'y trouve cinq ou six hommes, sous le commandement du général Cambronne, auquel je m'adresse.

— Donnez-moi, lui dis-je, un de vos meilleurs chevaux pour que je coure au-devant de l'Empereur, lui dire ce que j'ai vu, ce que je sais ; il réglera plus sûrement sa marche.

Ces paroles à peine prononcées, un lancier me présente un cheval, le général Cambronne me serre la main, et je m'élance au galop à la recherche de l'Empereur. J'ai à peine parcouru trois ou quatre kilomètres, lorsqu'au sommet d'une élévation, je me trouve en face d'une calèche découverte, dans laquelle j'aperçois l'Empereur à droite et le maréchal Bertrand à gauche. Ils n'avaient pas un seul homme d'escorte. Tourner bride et m'approcher de l'Empereur, est pour moi l'affaire d'un moment, et bien que, par la rapidité du mouvement que je viens de faire, je sois, en quelque sorte, contraint de m'appuyer de la main gauche sur la portière de la calèche, je ne puis découvrir aucune émotion sur la figure de l'Empereur, tandis que celle du comte Bertrand me parîat fortement émue.

— D'où venez-vous ? est la première question de l'Empereur. — De Grenoble, Sire, où on attend Votre Majesté ; je suis chef d'escadron d'artillerie et chevalier de la Légion-d'Honneur ; je n'en porte pas la décoration et ne la porterai que lorsque vous lui aurez rendu son ancienne splendeur.

— Quelles sont les dispositions de l'armée? — Les soldats lisent à genoux les proclamations qui annoncent votre retour, et quelle que soit l'hostilité des termes dans lesquels elles sont conçues, elles n'ébranlent nullement l'amour et le dévouement de vos fidèles serviteurs.... Vous pouvez compter sur eux....

Je continue à répondre aux diverses questions de l'Empereur, lorsque nous arrivons en vue des avant-postes, — les examiner devint alors sa seule occupation. Puis il se rapproche du général Cambronne avec lequel il échange quelques paroles, il vient ensuite se mettre entre le comte Bertrand et moi, et après quelques moments de silence, qui ne sont interrompus que par mes pressantes sollicitations pour qu'il aborde immédiatement les avant-postes royaux, il dit à un officier venu de l'île d'Elbe avec lui : « Allez dire à un de ces grenadiers de venir me parler. »

Cet officier part et revient peu après rapportant la réponse de celui auquel il s'était adressé : — « Notre commandant nous a défendu de quitter nos rangs. »

Pendant que ceci se passe, l'Empereur prend sa lunette qu'il dirige sur les avant-postes royaux en prononçant ces paroles : « Je suis sûr que les grenadiers se disent : *Tiens, vois-tu le petit Caporal qui nous regarde ?* » — Et qui se fait trop longtemps attendre, ajouté-je. — Mais je suis seul, dit-il, en se retournant du côté par lequel sa petite troupe devait déboucher. En effet on n'apercevait aucun des siens, ce qui semblait l'inquiéter. Tout à coup cette inquiétude cesse, une quinzaine de grenadiers se montrent sur la hauteur qui dominait la petite plaine dans laquelle nous étions.

— Allez, dit-il, à un officier d'ordonnance, allez dire à ces grenadiers de se placer au pied du coteau et de charger leurs armes.

— Charger leurs armes, sire, mais c'est la guerre civile. Car les grenadiers au service du roi et les grenadiers au service de l'Empereur, sont tous Français, et si un coup de fusil se tire, c'est la guerre, dans laquelle les plus nombreux l'emporteront. Renoncez, je vous en conjure, à ce projet, et lui montrant de nouveau les avant-postes, croyez-moi, sire, abordez-les franchement au cri de vive la France! Ils vous répondront par celui de vive l'empereur! et ils vous rendront votre couronne.

— Mais, dit le comte Bertrand, êtes-vous sûr qu'ils ne tireront pas sur l'Empereur? — C'est ma profonde conviction, réponds-je; des soldats qui lisaient hier, à genoux, les proclamations qui annonçaient le retour de l'Empereur ne tireront pas sur lui au moment où il se présentera devant eux.

Dans cet instant, l'Empereur s'écrie : « Ah ! voilà le drapeau de la garde... » Quelques grenadiers s'avançaient, en effet, avec le drapeau tricolore qu'ils escortaient. Le comte Bertand ayant de nouveau répété la même question, je lui faisais la même réponse, lorsque l'Empereur demande un cheval, le monte et se porte au galop sur les avant-postes royaux. Tous lui présentent les armes. Dans ce moment, chacun put entendre ces paroles : « Soldats ! en embrassant votre chef, je vous embrasse tous. »

Pour nous, quelque diligence que nous ayons faite, nous n'avons pu arriver que pour voir les nobles figures de nos grenadiers sillonnées par des larmes d'attendrissement et de bonheur, et pour entendre crier avec entraînement : *Vive l'Empereur !*

Cette reconnaissance terminée, l'Empereur donne ordre de marcher sur Vizille. C'est alors que je l'aborde de nouveau, et lui montrant au loin l'aide de camp du général Marchand, le capitaine Randon (aujourd'hui général de division), je lui dis qu'il serait prudent de l'empêcher d'arriver à Grenoble avant nous. Pour cela, il fallait donner l'ordre à quatre lanciers de se porter par le chemin de traverse pour lui barrer le passage, avec promesse d'une grande récompense s'ils réussissaient sans lui faire du mal, comme aussi avec menace d'une punition s'ils le blessaient.

Chargé moi-même de porter cet ordre, dont l'exécution fut immédiate, je rencontre le commandant du génie Tournade, qui marchait en avant de notre avant-garde. — Mon cher commandant, lui dis-je, si vous voulez être des nôtres, vous feriez bien d'ouvrir la marche ; si, au contraire, vous êtes toujours dans les intentions de ce matin, il est préférable que vous nous cédiez le pas, ce qu'il fit de la meilleure grâce du monde.

Je reviens auprès de l'empereur, je l'engage à se rendre à Grenoble le soir même. — Je ne le puis, me dit-il, car ma troupe est par trop fatiguée. — Sire, c'est là une nécessité : il faut absolument marcher sur Grenoble. — Mais qui m'ouvrira les portes? — Je réponds qu'elles s'ouvriront dès que vous vous présenterez. Si vous voulez me faire donner un des chevaux les moins fatigués, je vous devancerai et toutes les dispositions seront prises pour assurer votre entrée dans Grenoble.

L'Empereur accède à ma demande, je pars en toute diligence. Près de Tavernolles je rencontre le colonel Labédoyère et son régiment, avec le drapeau et la cocarde tricolore. — On ne passe pas, me crie l'avant-garde! — Mes amis, l'Empereur me suit, faites-moi parler à votre colonel, il changera pour moi votre consigne.

Un instant après le colonel arrive, je lui raconte ce qui vient de se passer, et l'engage à se rendre auprès de l'Empereur, à le prier de venir joindre son régiment pour rentrer avec lui à Grenoble. Cette proposition est à peine goûtée, toutefois le colonel continue sa marche sur Vizille, avec son régiment, dont tous les rangs s'ouvrent pour me laisser passer aux cris mille fois répétés de : *vive l'Empereur!*

Arrivé à Grenoble, je me rends au quartier du 4e d'artillerie, dont j'avais fait partie comme capitaine-commandant, et dont la très grande majorité des canonniers avait servi sous mes ordres à l'armée d'Italie, commandée par le prince Eugène, et où j'étais directeur général des ponts. Notre connaissance fut alors très pas feu. facile, et j'appris sans détour que l'artillerie ne ferait Quant au régiment du génie, qui occupait une position à gauche de la porte de Bône, celle devant laquelle l'Empereur allait se présenter, ses dispositions étaient telles, qu'aucune hostilité n'était à craindre de leur part.

Je quitte donc ces positions parfaitement rassuré. Me rendant rue du Palais, chez le traiteur où les officiers supérieurs du 4e d'artillerie prenaient leur repas, je rencontre mon ami Jules Mallein, avocat, aujourd'hui professeur de la faculté de droit, qui me demande ce que je sais. — Je sais, lui dis-je, que l'empereur a abordé les avant-postes royaux, aux cris mille fois répétés de vive l'empereur et je sais encore que dans deux heures il sera dans Grenoble.—Veux-tu me permettre d'aller le dire à mon père ?—Volontiers, lui réponds-je, et qu'il se prépare à une visite officielle comme chef de parquet.

Puis, continuant mon chemin, j'arrive à la pension où le dîner se fait rapidement, chacun ayant reçu l'ordre de se rendre au poste qui lui était assigné. Mais avant de nous séparer, je demande à mes camarades de porter une santé.—Volontiers, répondirent-ils.—Eh bien! à l'empereur et à son entrée dans Grenoble, où il sera avant deux heures.—Permettez-vous, me dit le lieutenant-colonel Etchegoyen, que j'aille rendre compte de ce fait au général Marchand.—Allez, lui dis-je, et ajoutez que rien n'arrêtera l'empereur dans sa marche. Toutes nos mesures sont prises pour cela et nous avons la certitude du succès.—La santé portée, chacun se rend à son poste : et moi je m'achemine vers la porte St-Laurent, où peu de temps après, arrive le général Marchand, qui donne immédiatement l'ordre d'aller chercher les clés pour qu'il puisse sortir et faire sortir la garnison de Grenoble, ainsi qu'il venait d'en donner l'ordre. Aussitôt un sergent d'artillerie est chargé de cette mission, lorsque peu de temps après son départ, un bruit extraordinaire, résultat d'une masse immense de cris de joie vient frapper nos oreilles et nous fait comprendre que l'empereur fait son entrée dans Grenoble. — Les clés, les clés sont-elles arrivées, demande alors le général Marchand ?— Non, lui répond le chef de bataillon Chandon qui commandait sur ce point. — Eh bien ! faites enfoncer la porte, ce qu'on se mit en devoir de faire sans trop de précipitation.

Pendant que cet ordre s'exécute, je cours à l'Empereur pour le prévenir du départ de la garnison de Grenoble, et lui demande de donner à toutes les portes la consigne de ne laisser sortir personne sans son autorisation. Je veux prévenir l'isolement qui se ferait autour de lui par le départ des troupes.

Ces dispositions ordonnées, je reviens auprès de l'Empereur, qui me nomme son officier d'ordonnance et m'en fait remettre le brevet que je possède encore. Il est daté de Grenoble, 7 mars 1815.

Je m'arrête pour retracer rapidement les épisodes du voyage de l'Empereur, de Laffrey à Grenoble.

Vizille, ce bourg berceau de la révolution de 1789, avait été électrisé à la vue de quatre lanciers de la garde lancés à la poursuite du capitaine Randon, qui ne leur avait échappé qu'à la faveur d'un sentier extrêmement rapide, pratiqué par les seuls piétons, et qui sépare Vizille de Brié. Leur halte à Vizille, pour donner quelques instants de repos à leurs chevaux harrassés de fatigue, leur avait permis de réveiller encore l'enthousiasme des habitants. Aussi, quand arriva l'Empereur, ce furent des cris frénétiques, des applaudissements, des vivats. Bourgeois et peuple, tous étaient confondus dans un seul et même sentiment.

Un vieillard à cheveux blancs, curé de la paroisse, M. Dulin, était là avec les habitants, et comme eux il se réjouissait, il applaudissait, il criait : *Vive l'Empereur !* Napoléon le remarqua, eut pour lui une parole de bienveillance, puis s'adressant au comte Bertrand, — Voilà, dit-il, le clergé quand il est laissé à lui-même, il m'aime parce qu'il aime la France, aussi je veux lui rendre ses antiques priviléges, lui restituer avec une juste indépendance le sentiment de sa dignité. Ce sera un de mes premiers soins à Paris.

De Vizille à Grenoble, le voyage de Napoléon fut une ovation, un triomphe, les routes étaient encombrées, les arbres qui les bordaient étaient chargés de paysans avides de voir et d'acclamer l'Empereur. A Brié, le capitaine adjudant-major Eymard, le capitaine Dutrait, et l'hôtelier Dumollard prodiguèrent aux soldats de l'Empereur rafraîchissements et comestibles, les maisons se pavoisèrent de drapeaux, des pièces de toile, des draps décorèrent la façade des bâtiments comme à une solennité religieuse, la population entière escorta l'Empereur.

A quelque pas de là, était Labédoyère, à la vue de l'Empereur, il prend une aigle d'or qu'il présente à Napoléon en faisant retentir l'air, ainsi que tous ses soldats, du cri de *Vive l'Empereur !* Napoléon, attendri, embrasse l'aigle et le colonel en lui disant: « Colonel, je n'oublierai jamais ce que vous faites pour la France et pour moi. » Les soldats pleurent de joie, et après une courte halte à Tavernolles, on se dirige sur Grenoble.

C'est à peu de distance de ¡cette ville, que Jean Dumoulin, n'écoutant que son admiration pour l'Empereur, vient lui offrir sa fortune et sa vie, noble dévoûment que Napoléon récompensa le lendemain, en nommant Jean Dumoulin l'un de ses officiers d'ordonnance, et en attachant lui-même sur sa poitrine la croix des braves.

On est à Grenoble, mais la porte de la ville est fermée et les clés sont chez le commandant militaire. En vain on les réclame, il refuse de les livrer. Napoléon, impatient et inquiet, s'avance ; il s'adresse lui-même aux soldats du poste, il leur rappelle les campagnes qu'ils ont faites ensemble, les liens qui les unissent. Les soldats frémissent de bonheur, en entendant cette voix qui leur est chère; mais s'ils sont impuissants à faciliter l'entrée de l'Empereur, ils ont confiance, car les acclamations du dehors commencent à trouver de l'écho à l'intérieur.

Tout à coup la hache résonne contre la porte de Bonne ; à l'intérieur, on répond à cette attaque par des poutres destinées à l'enfoncer, et pendant qu'on faisait voler quelques éclats de bois, un peignenr de chanvre, Joseph Collet, se glisse auprès de l'Empereur, et prenant de la main la bride de son cheval, entonne cette simple et patriotique chanson :

> Bon, bon, Napoléon est de retour en France,
> Bon, bon, Napoléon rentre dans sa maison,

Et tous les assistants en chœur répètent à l'envi :

> Napoléon, ta gloire est au dessus des rois.

Touché de cet élan général, l'Empereur remercie et bientôt la porte s'ouvre. La foule escorte Napoléon jusqu'à l'hôtel Labarre, elle lui ménage la réception de l'enthousiasme et du cœur, et pour faire disparaître jusqu'à la trace d'une résistance ou plutôt d'une hésitation momentanée, on va déposer à ses pieds les fragments de la porte qui ont cédé aux coups de la hache.

Retiré dans son appartement, Napoléon respire à l'aise. Il a foi dans l'avenir, il a vu, il a jugé l'amour du peuple qu'il a été obligé de quitter naguères et qui l'élève de nouveau sur le pavois : il est compris. Désormais la France est à lui.

Sa nuit néanmoins fut agitée, aussi son repos fut-il de courte durée.

Le lendemain, de bonne heure, j'étais auprès de l'empereur. Après avoir reçu ses premiers ordres, je me rendis auprès du comte Bertrand, qui me parut contrarié du départ du général Marchand. Je l'engageai à voir Mme Marchand, à mettre à profit l'influence qu'elle exerçait sur son mari, afin d'obtenir par son intermédiaire la neutralité du général. Cette démarche du comte Bertrand eut un plein succès. Pendant qu'elle avait lieu, j'allai chez Camille Dausse, alors capitaine d'état-major, plus tard préfet de l'Isère, pour l'engager à venir faire partie des bureaux du comte Bertrand, ce qu'il accepta avec joie. Me rendant ensuite auprès de M. Bouchu, général commandant l'artillerie à Grenoble, je lui rendis un compte exact de tout ce qui s'était passé et l'engageai de la part de l'empereur à aller le voir.

— Rey, me dit-il, vous avez bien fait, — vous étiez libre ; — pour moi, qui suis lié par mon serment, je cesse dès ce moment d'appartenir à l'armée ; et comme je comprends que toute résistance à Grenoble est désormais impossible, je donne des ordres à l'arsenal pour qu'on mette à votre disposition tout ce que vous demanderez au nom de l'empereur.

Il donna en effet cet ordre. Puis, au moment où j'allais le quitter, il prononça ces mots : — Je porte l'Empereur dans mon cœur ; mais je ne puis le suivre. Ma résolution est inébranlable. Je vais toutefois me rendre auprès de lui pour la lui communiquer respectueusement. Mais si jamais l'ennemi se présente, je lui dirai qu'il peut compter sur moi et que je le défendrai comme simple grenadier, si tel est son bon plaisir.

Le général Bouchu vint en effet présenter ses hommages, et après une conversation assez longue avec

l'Empereur, il le quitta lui renouvelant la détermina-
tion qu'il avait prise.

Sa visite au comte Bertrand fut dans les mêmes termes, et il se sépara de nous.

Pendant que, suivant les instructions de l'Empereur,
je transmettais l'ordre de ces diverses mesures militaires, l'administration se reconstituait. Le général La-
salcette remplaçait le comte Marchand. — Son frère,
conseiller de préfecture, était nommé préfet de l'Isère
par intérim. — Le major Falcon recevait le commandement de la garde nationale. — Toutes les autorités
venaient complimenter l'Empereur. — M. Renauldon,
maire, dont la ville n'oubliera jamais l'intelligente
administration, — le vénérable évêque Claude Simon,
aux mœurs patriarchales, ancien précepteur du roi
Joseph, — le proviseur du Lycée, l'abbé Fournet, cet
ami si dévoué de l'enfance; tous en un mot firent entendre un noble langage et consolèrent l'empereur de
la défection du général Marchand et du préfet Four-
rier.—Jamais la grandeur du caractère, la majesté du
génie de Napoléon ne se sont révélées avec plus d'éclat
que dans ces conversations intimes, qu'il prolongeait
avec un extraordinaire abandon, comme si, au milieu
de toutes ses préoccupations, il eût été maître du temps
et n'eût pas à éprouver la moindre inquiétude. L'état des
campagnes surtout éveilla sa sollicitude et il le témoigna
hautement.—Ses paroles étaient communiquées au dehors par ceux qui les avaient recueillies de sa bouche,
et plus d'une fois des vivats prolongés vinrent retentir
à ses oreilles.

La nuit s'avançait, la journée avait été laborieuse,
l'Empereur nous prévint qu'il ne recevrait plus personne. Le comte Bertrand, cédant alors à un excès de
fatigue, me remit son portefeuille et tous ses papiers,
en me disant : — Vous êtes plus au courant que moi de
ce qu'il faut faire, faites donc. J'approuverai demain
tout ce que vous aurez fait.

Pendant la nuit des ordres furent expédiés pour la
revue du lendemain 9; des instructions furent rédigées
pour le départ des généraux Debelle et Chabert, qui
avaient reçu des missions particulières, et il leur était
expressément recommandé d'aborder franchement et
l'arme au bras, aux cris de vive la France ! et vive l'empereur ! toutes les troupes qu'ils rencontreraient :

l'intention formelle de l'empereur étant d'éviter toute effusion de sang. — J'expédiai encore à Valence, au lieutenant-colonel Duchamp, mon ancien lieutenant, un courrier pour qu'il vînt joindre l'empereur avec son régiment sur la route de Lyon. Duchamp ne se fit pas attendre.

Le lendemain , au lever de l'empereur, la foule se pressait sous ses croisées comme elle l'avait fait la veille, et, chaque fois qu'on l'apercevait, l'air retentissait des cris de vive l'empereur! — cris qui l'accompagnèrent et le suivirent pendant toute la revue, qui dura près de quatre heures; des marques non équivoques de respect et de dévoûment lui furent prodiguées par la population entière. — Pendant la revue du 4e d'artillerie , l'empereur ayant remarqué l'absence du colonel, dit au lieutenant-colonel : — Je veux vous nommer colonel du régiment. — Merci, répondit celui-ci, notre colonel est très aimé de nous tous, comme nous il vous porte dans son cœur ; son retour, croyez-le, SIRE, ne se fera pas attendre... Je demandai aussitôt à l'empereur la permission d'écrire au colonel Gerin et de l'appeler auprès de sa majesté. — La lettre fut écrite sur le comptoir de Mme Bougy, sur la place Grenette, et expédiée au même instant. Le colonel nous rejoignit le soir... Je me rendis ensuite auprès de M. R., notre compatriote, pour l'engager à faire connaître à ses deux gendres, tous deux officiers supérieurs dans des régiments d'infanterie, les événements de la veille et du jour, ce qu'il fit en effet, en leur envoyant, d'après mes conseils , une personne de confiance qui causa longuement avec eux et leur fit comprendre que désormais la cause de l'empereur était gagnée.

Napoléon poursuivait sa revue, il remarque un vieux grognard qui, la veille, avait, avec sa franchise militaire, plaisanté sur la vétusté de son petit chapeau.

Grenadier, lui dit-il, ta masse est-elle complète ? — Toujours, SIRE. — Bientôt la mienne le sera, et alors je changerai de chapeau, tu m'aimeras davantage. — Impossible, sire. — Tu es un brave, depuis longtemps je le sais. — Vos ennemis le savent encore mieux, vive l'empereur !

A quelques pas de là, un capitaine de la garde nationale se faisait remarquer par son allure militaire. — Capitaine, de quel régiment sortez-vous ? lui demande

l'empereur ! — Du 52ᵉ. — A quelle époque l'ai-je surnom-
mé le terrible? — A la bataille de la Favorite. — Vou-
lez-vous me suivre? Je le ferais de grand cœur, SIRE,
mais je suis notaire, et je le regrette vivement. — Je
regrette toujours un de mes braves réplique l'empereur en s'éloignant de M. Rivier, depuis maire de Grenoble en 1830.

Après la revue, l'empereur ordonna le départ de la
troupe pour Lyon; mais il voulut auparavant laisser
à sa bonne ville de Grenoble un souvenir de sa haute
bienveillance, il promit l'établissement d'un école de
de médecine et l'affectation d'une première somme de
35,000 fr. Dans la soirée, il partit lui-même pour Bour-
goin où il alla attendre sa petite armée. — Après son
départ, il fut décidé, chez M. Falcon, que les habitants
de la ville lui feraient parvenir une adresse exprimant
les vœux et les besoins du département de l'Isère.
Cette adresse, fut en effet rédigée et lui fut portée à
Lyon par une commission de plusieurs membres; son
président reçut à cette occasion la décoration de la
légion d'honneur.

Cette adresse patriotique et libérale exprime trop
bien les sentiments dauphinois pour que je me refuse
au plaisir de la reproduire ainsi que la réponse si noble
de l'empereur.

Sire,

Les habitants de Grenoble, fiers de posséder dans leurs murs le
triomphateur de l'Europe, le prince au nom duquel sont attachés
tant de souvenirs glorieux, viennent déposer aux pieds de Votre
Majesté le tribut de leur respect et de leur amour.

Associés à votre gloire et à celle de l'armée, ils ont gémi avec les
braves sur les événements funestes qui ont quelques instants voilé
vos aigles.

Ils savaient que la trahison ayant livré notre patrie aux troupes
étrangères, Votre Majesté, cédant à l'empire de la nécessité, avait
préféré l'exil momentané aux déchirements convulsifs de la guerre
civile dont nous étions menacés.

Aussi grand que Camille, la dictature n'avait point enflé votre
courage et l'exil ne l'a point abattu.

Tout est changé : les cyprès disparaissent; les lauriers repren-
nent leur empire ; le peuple français, abattu quelques instants ; re-
prend toute son énergie. Le héros de l'Europe se replace à son rang;
la grande nation est immortelle.

Sire, ordonnez! vos enfants sont prêts à obéir ; la voix de l'honneur est la seule qu'ils suivront.

Plus de troupes étrangères en France ; renonçons à l'empire du
monde, mais soyons maîtres chez nous.

Sire, votre cœur magnanime oubliera les faiblesses ; il pardonnera à l'erreur ; les traîtres seuls seront éloignés, et la félicité du reste fera leur châtiment.

Que tout rentre dans dans l'ordre et obéisse à la voix de Votre Majesté ; qu'après avoir pourvu à notre sûreté contre les entreprises des ennemis de l'extérieur, Votre majesté donne au peuple français des lois protectrices et libérales, dignes de son amonr envers le souverain qu'il chérit.

Tels sont, Sire, les sentiments des habitants de votre bonne ville de Grenoble ; que Votre Majesté daigne en agréer l'hommage.

(Suivent les signatures.)

Aux habitants de l'Isère.

Citoyens,

Lorsqne dans mon exil j'appris tous les malheurs qui pesaient sur la nation, que tous les droits du peuple étaient méconnus, et qu'il me reprochait le repos dans lequel je vivais, je ne perdis pas un moment ; je m'embarquai sur un frêle navire ; je traversai la mer au milieu des vaisseaux de guerre de différentes nations ; je débarquai sur le sol de la patrie, et je n'eus en vue que d'arriver avec la rapidité de l'aigle dans cette bonne ville de Grenoble, dont le patriotisme et l'attachement à ma personne m'étaient particuliérement connus.

Dauphinois ! vous avez rempli mon attente !

J'ai supporté, non sans déchirement de cœur, mais sans abattement, les malheurs auxquels j'ai été en proie il y a un an ; le spectacle que m'a offert le peuple sur mon passage m'a vivement ému. Si quelques nuages avaient pu arrêter la grande opinion que j'avais du peuple français, ce que j'ai vu m'a convaincu qu'il était toujours digne de ce nom de *grand peuple,* dont je le saluai il y a plus de vingt ans.

Dauphinois ! sur le point de quitter vos contrées pour me rendre dans ma bonne ville de Lyon, j'ai senti le besoin de vous exprimer toute l'estime que m'ont inspirée vos sentiments élevés. Mon cœur est tout plein des émotions que vous y avez fait naître ; j'en conserverai toujours le souvenir.

Signé : NAPOLÉON.

Par l'Empereur :
Le grand-maréchal faisant fonctions de major-
général de la grande armée,
Signé : BERTRAND.

Les trois premières compagnies du bataillon sacré, composées de tous les officiers qui voulaient s'attacher à la cause de l'Empereur, furent organisées par l'adjudant général Auguste Debelle et reçurent également ordre de partir pour Lyon. Des sous-officiers intrépides leur furent adjoints. La mort a moissonné ces nobles phalanges ; quelques débris toutefois ont échappé à ses coups. Parmi eux MM. Robert, de Vif, — Buisson, de Varcès, — Joly (Jean-Baptiste), — Guerre, de l'armée d'Egypte,—Mathieu, Martin, Berthoin, Genève, Collavet, Badier, de Grenoble, etc., qui s'étaient fait remarquer par un dévouement enthousiaste dès le 7 mars.—Armés de carabines et de cartouches, ils partirent emmenant à leur suite les jeunes volontaires, dont le sous-lieutenant Badier avait formé, la veille, le noyau à La Mure, et qui s'était considérablement augmenté à Grenoble.

Dès le matin, l'Empereur, n'ayant encore reçu aucune nouvelle positive sur les événements de Lyon, donna l'ordre à Jean Dumoulin, qui avait été, comme moi, nommé son officier d'ordonnance à Grenoble, de se porter au-dessus de Lyon, d'y étudier tous les moyens de passer le Rhône à gué ou autrement, et de lui en rendre compte. Pendant le même temps, je reçus plusieurs missions particulières, et le soir nous partîmes pour Lyon, sans rien avoir appris de ce qui s'y passait. Ce ne fut qu'au dernier relai, que l'Empereur apprit que le 4e de hussards, qui couvrait le pont de la Guillotière, avait fraternisé avec l'escadron de ce régiment qui, depuis Grenoble, formait notre avant-garde. Cette nouvelle fut reçue par nous tous avec un bonheur extrême, et notre marche sur Lyon devint plus rapide. — Nous arrivâmes à la Guillotière vers la chute du jour.

Quel spectacle alors vint frapper nos yeux et nos oreilles ! Des milliers de drapeaux tricolores pavoisaient toutes les croisées, pendant qu'une foule innombrable se précipitait sur le passage de l'Empereur et le lui barrait pour avoir le temps de le voir et de lui faire entendre les cris de vive l'Empereur ! qui s'échappaient de toutes les bouches.

De l'entrée du faubourg jusqu'à l'archevêché, notre marche fut extrêmement lente, tellement il était difficile de s'ouvrir un passage au travers de la multitude qui encombrait les rues. Quel contraste ! le matin, Monsieur, le comte d'Artois, le frère du Roi qui régnait sur la France de par la grace de Dieu et du prince régent d'Angleterre, n'avait pu trouver aucune marque d'attachement ni dans l'armée ni dans les citoyens ; à tel point, que, réduit à quitter la ville où il devait commander en maître, il en sortit accompagné d'un seul gendarme, qui fut, à cause de sa fidélité courageuse, décoré par l'Empereur ; et le soir, l'homme exilé et proscrit par ceux qui lui avaient ravi sa couronne, à l'aide des baïonnettes étrangères, rentrait triomphant au milieu d'une population avide de le contempler et de lui témoigner, par ses transports de joie, tout le bonheur que lui faisait éprouver le retour si inespéré de l'Empereur, qui avait toujours été son idole. — Disons, toutefois, qu'une ombre existait dans ce tableau : la place Bellecour était muette !

Arrivé à l'archevêché, l'Empereur reçut les autorités, donna des ordres pour la revue du lendemain, à laquelle une masse innombrable de citoyens vint assister et mêler ses cris de : Vive l'Empereur ! à ceux de tous les régiments qui lui furent présentés.

En passant devant le front de chacun d'eux, l'Empereur accueillit et fit droit à toutes les demandes que lui adressèrent les chefs de corps ; beaucoup de décorations furent distribuées, et quoique entouré déjà d'un très nombreux état-major, l'Empereur me désigna pour l'accompagner pendant la revue et prendre les noms de tous ceux à qui il daigna accorder une grâce ou une faveur. Avant le défilé, tous les officiers furent réunis au centre, et formèrent un cercle au milieu duquel l'Empereur se plaça pour leur adresser quelques-unes de ces paroles dont seul il avait le secret et qui provoquèrent un enthousiasme et des applaudissements frénétiques.

Après cette allocution, chacun se rendit à son poste pour défiler, et on put voir alors, comme à Laffrey, de nobles figures sillonnées par des larmes de bonheur. Pendant le défilé, l'Empereur put s'assurer qu'il avait repris sur toute son armée l'ascendant que lui avaient fait perdre les tristes événements de Fontainebleau ; il put en même temps s'assurer que le dévouement des citoyens lui était acquis au même degré que celui des soldats, car la dernière compagnie ayant à peine dépassé l'Empereur, il fut enveloppé par une masse immense d'hommes de toutes conditions, qui, avides de le voir et de l'approcher, le séparèrent de tous les officiers qui l'entouraient, et seul au milieu de cette foule qui lui faisait entendre les cris multipliés de vive l'Empereur, Napoléon ne parvint que très lentement à traverser la place Bellecour. Encore pour le faire était-il obligé de se faire ouvrir un passage en étendant ses deux bras.

C'en était fait, aux yeux de tous l'exilé de l'île d'Elbe avait reconquis sa couronne, les triomphes de Laffrey et de Grenoble se renouvelaient partout où il se présentait.

A peine rentré à l'archevêché, les réceptions se multiplièrent, parce qu'on accourait de toutes parts pour offrir ses hommages à l'exilé de la veille, à l'homme que les journaux salariés de la capitale, que les folliculaires présentaient sous les couleurs les plus noires et comparaient à un forçat qui a rompu son ban. Dès ce moment, l'Empereur fut obligé de prendre de nouvelles dispositions. Ici commence un autre ordre de choses. Sa Majesté ne se présentera plus la première, comme à Grenoble, aux populations qu'elle doit rencontrer sur son passage jusqu'à Paris : ses officiers d'ordonnance la devanceront pour répandre des proclamations et interroger les habitants des villes et des campagnes sur leurs besoins et sur leurs affections. Les officiers lui rendront journellement compte de ce qu'ils auront vu et appris, et comme ils parleront au nom de Napoléon, il pourra mieux apprécier si ce nom, talisman de gloire et de grandeur, produira comme jadis sur le cœur de tous les citoyens cet effet sympathique qui lui valut l'affection de tous les Français.

Le soir et le lendemain du jour de la revue, des officiers d'ordonnance furent donc expédiés dans toutes les directions ; les uns furent envoyés aux troupes qui se dirigeaient sur Moulins en exécution d'ordres antérieurement reçus ; un autre devait se rendre à Besançon pour faire connaître aux troupes sous les ordres du prince de la Moskowa les événements de Grenoble et de Lyon, et moi, je partis à dix heures du soir pour me rendre à Macon, où j'arrivai dans la nuit.

Dès mon arrivée, je me rendis à la mairie, et, ayant demandé le maire, on m'apprit qu'il avait quitté la ville dans la journée, et qu'il ne restait plus qu'un adjoint auprès duquel je fus introduit.

Lui racontant alors tous les événements qui avaient eu lieu depuis le débarquement de l'Empereur, je lui fis connaître l'objet de ma visite et le priai de réunir la garde nationale, à laquelle je me proposais de demander si elle voulait faire une adresse à l'Empereur pour lui exposer les vœux et les besoins de la ville et du département. Cette proposition ayant été agréée par l'adjoint, qui donna des ordres en conséquence, je me retirai avec son assentiment dans une des salles particulières de la mairie pour y commencer mon rapport à l'Empereur, rapport dans lequel je lui faisais connaître l'impression produite sur les populations par les proclamations que j'avais distribuées. Mais à peine ce rapport était-il commencé, que l'adjoint vint me prier de me rendre en toute hâte dans la salle de réunion de la garde nationale, où des discussions assez vives avaient lieu entre les gardes nationaux et leurs officiers au sujet de la mission que j'avais reçue. — Les uns voulaient faire une adresse à l'Empereur, tel était l'avis de tous les gardes nationaux; leurs officiers s'y refusaient; — de là dissentiment et presque dispute. J'arrivai au milieu des parties, et pris pour arbitre par les uns et les autres, je fis aisément comprendre à MM. les officiers que s'ils ne partageaient pas l'opinion de la totalité des gardes nationaux, ils devaient donner leur démission, ce qui permettrait de les remplacer. Mon conseil fut suivi immédiatement. Puis, les nouvelles nominations achevées, une adresse fut faite à l'Empereur, et je la lui envoyai à Lyon par estafette.

M'étant ensuite informé de la direction prise par les troupes, on me signala comme très dévoués à l'Empereur deux régiments qui avaient pris la route de Charolles, se dirigeant sur Moulins. Immédiatement je demandai une voiture qui me fut amenée et je partis accompagné d'un employé des contributions, qui, connaissant parfaitement les localités, devait me rendre plus facile l'exécution de mon projet. Nous parcourûmes rapidement la distance qui nous séparait de Charolles, où nous arrivâmes au point du jour, répandant partout sur notre passage des proclamations de l'Empereur, proclamations que les habitants recevaient en les embrassant et les couvrant de leurs larmes; mais à Charolles l'enthousiasme était tel, que je fus conduit à la mairie, où monté sur une table, de manière à être entendu de tous les habitants rassemblés en masse sur la place publique, je racontai les événements tels qu'ils avaient eu lieu, et provoquai ainsi des applaudissements et des cris unanimes de vive l'Empereur! Mais ici comme à Mâcon, le régiment qui venait de quitter Charolles me fut signalé comme dévoué à la cause de l'Empereur et je fus instamment prié d'aller à lui pour le ramener. On m'amène pour cet effet un

cheval parfaitement harnaché, et la gendarmerie, avec
sa cocarde blanche, vint me proposer de m'escorter,
ce que j'acceptai. Nous partîmes accompagnés des
vœux de tous les habitants, qui préparèrent une fête
pour le retour de ce régiment.

Raconter ici les circonstances qui eurent lieu à cette
occasion devient inutile, il me suffit de dire que par-
courant les rangs de ce régiment, de la gauche à la
droite, en distribuant des proclamations à toutes les
compagnies, une halte se fit involontairement; et arrivé à la tête, le colonel et quelques officiers seulement
ayant refusé de revenir à l'Empereur, je chargeai le
lieutenant-colonel de lui conduire son régiment, dont
il serait fait colonel, promesse que Sa Majesté voulut
bien ratifier.

Cette opération terminée après avoir remercié les
habitants de Parey, qui étaient venus au-devant de
moi pour m'aider de leurs *vivat* et me protéger au
besoin, je me mis en route pour rejoindre l'Empereur.
Je le retrouvai à Châlons, où à peine arrivé, je fus
grondé par mes amis et par tous ceux que je rencontrais : « Venez donc, venez donc, me criait-on de toutes
parts. L'Empereur demande à chaque instant si vous
êtes arrivé, et le comte Bertrand vous fait chercher
partout. » Aussi me rendis-je de suite auprès de lui et au
même instant il me conduisit chez l'Empereur qui pre-
nait un bain de pied. — Rey, me dit-il, vous avez couru
quelque danger. — Un instant, *sire*, mais il a été de très
courte durée, car tous les soldats et les citoyens m'ont
protégé. — J'ai reconnu les nominations que vous avez
faites. Ces paroles dites il me congédie. Le comte Bertrand étant resté auprès de lui ne sortit que quelque
temps après, et m'ayant envoyé chercher il me dit : :
l'Empereur a donné des ordres pour que vous soyez
placé dans la voiture du général Drouot, qui suit celle
de S. M., voyez le donc et prenez ses instructions, ce
que je fis de suite.

Peu d'heures après, l'Empereur ayant ordonné le départ, j'étais monté dans la voiture du général Drouot
lorsque le comte Bertrand vint me dire: « Rey, l'Empereur vous demande. » Je me rends sur-le-champ
auprès de lui. Quand j'arrivai, il se promenait sous la
voûte de l'hôtel dans lequel il s'était logé, et m'étant
approché de lui, je marchai à ses côtés jusqu'à sa voi-

ture, et, au moment où il allait y monter, je me mis
en devoir de lui aider, ce que je fis en effet; puis je
courus à celle du général Drouot, où le comte Bertrand
vint me joindre pour me dire : — Rey, quand l'Empereur
vous fera un honneur pareil à celui qu'il vient de vous
faire, tenez-vous près de S. M. et laissez-la s'appuyer
sur vous sans la toucher. Je m'excusai et nous partîmes.

De Châlons à Auxerre aucun événement particulier
ne se présenta. Des proclamations avaient été répan-
dues par les soins des officiers d'ordonnance, qui,
comme moi, précédaient l'Empereur, et si quelques
maires et quelques officiers de garde nationale seulement s'étaient retirés, ils avaient été remplacés immédiatement et sans aucune résistance, de telle
sorte que l'Empereur était toujours accueilli dès qu'il
se présentait devant les populations qu'il rencontrait
sur son passage.

Arrivé à Auxerre, tout se passa comme à Grenoble,
à Lyon et dans toutes les villes que nous avions traver-
sées : Acclamations publiques, revue et distribution de
récompenses aux débris de la grande armée. Seulement
une circonstance toute nouvelle et très heureuse vint
mettre fin à toutes les appréhensions qu'avait pu faire
naître le corps d'armée placé sous le commandement
du prince de la Moskowa, qui avait mission d'arrêter
l'Empereur dans sa marche.

Ce corps d'armée, instruit et par la rumeur publique
et par les proclamations que lui avaient distribuées les
officiers d'ordonnance de l'Empereur, avait déclaré net-
tement vouloir aller à sa rencontre et s'était refusé à marcher contre lui, et ce refus avait été tellement unanime,
que dans une revue passée par le maréchal prince de
la Moskowa, il resta seul. C'est alors qu'on l'entendit
s'écrier : « Mais je suis officier français, et mon devoir
comme tel est de suivre l'armée. » Cette résolution
prise, il vint à Auxerre présenter ses hommages à l'Empereur, qui l'accueillit avec bonheur. Presqu'au même
instant arrivait aussi à Auxerre le colonel d'artillerie
Marin, qui venait rendre compte à l'Empereur d'une
conspiration formée par un régiment d'artillerie, pour
venir rejoindre l'Empereur, ce dont il avait été empêché
par la fermeture des portes de sa garnison.

Cette résolution du prince de la Moskowa n'aurait-elle pas dû le justifier aux yeux de ses juges, surtout quand on examine avec quelle facilité nous , officiers d'ordonnance, nous enlevions les régiments à leurs chefs dès qu'ils refusaient de revenir à l'Empereur?

A Auxerre, l'Empereur m'ordonna de me rendre à Fontainebleau , où je le devançai de plus de trente heures pendant lesquelles je m'étais mis en relation avec des émissaires des régiments partis de Paris pour couvrir la capitale.

Mais à Fontainebleau, comme ailleurs, la résolution de l'armée était la même : revenir à l'Empereur et revenir à lui aussitôt que l'occasion s'en présenterait. Je pus donc encore dans cette circonstance donner la certitude à l'Empereur qu'à son arrivée à Fontainebleau, il n'avait qu'à se présenter devant les régiments envoyés contre lui pour être accueilli par eux au cris de Vive l'Empereur ! et, partout, mes prévisions reçurent des événements une entière confirmation. D'autres faits vinrent encore donner plus de certitude à nos espérances.

Pendant le séjour de l'Empereur à Fontainebleau, d'anciens officiers et d'anciens chefs de partisans vinrent se présenter à lui pour lui donner les plus heureux renseignements sur les dispositions de l'armée et des populations. Chargé par l'Empereur de lui présenter tous les arrivants , je sortais de son salon dès que je les avais annoncés. Cependant il y eut une exception à l'occasion d'un chef de partisans qui se présentait dans un état à le faire soupçonner. — Rey, restez, me dit alors l'Empereur, au moment où j'allais me retirer. Puis, s'approchant de ce nouveau visiteur, il se promena avec lui dans son salon et reçut de ces renseignements précieux que les chefs de partisans peuvent seuls donner. La conversation continuait encore lorsque Jean Dumoulin vint annoncer à l'Empereur une dépêche venue de Paris.—Dites à Rey de me la présenter. Aussitôt je sortis avec Dumoulin pour aller interroger le courrier qui l'avait apportée.—Il était, me dit-il, envoyé par M. de Lavallette, ce dont je rendis compte à l'Empereur en lui remettant la dépêche dont il brisa l'enveloppe avec une promptitude extrême et à peine avait-il jeté les yeux sur son contenu, qu'il s'écria, en me la présentant : « Tenez, lisez. Paris est à moi, le roi en est parti cette nuit. Vite mes chevaux à ma voiture. » Je

partis au même instant porter cet ordre, mais je l'avais
à peine donné, que l'Empereur était derrière moi de-
mandant si sa voiture était prête.

Pendant qu'on la disposait, il se promenait seul dans la
cour en présence de nous tous, lorsqu'une personne peu
rassurante vint en courant se précipiter sur lui, ce qui
détermina le colonel Marin à s'opposer à son passage.
—F...., dit alors l'Empereur en se retournant, je veux
qu'on m'aborde. Marin se crut perdu et laissant un libre passage à l'homme dont il avait contrarié la marche,
celui-ci se jeta aux genoux de l'Empereur en lui de-
mandant une grâce qui lui fut accordée. En partant de
Fontainebleau, je reçus l'ordre de me rendre à Paris, ce
que je fis et j'arrivai aux Tuileries, dont la cour était en-
combrée d'officiers et de citoyens attendant l'Empereur,
qui arriva quelques heures après moi.

Une fois l'Empereur dans ses appartements, nous
nous sommes établis dans les salons de service, où nous
avons passé la nuit.

La France entière sait le reste.

Cinq jours après l'entrée de l'Empereur aux Tuileries,
le général Drouot me demanda, d'après ses ordres, la
récompense que je désirais.—Le prince Eugène, lui ré-
pondis-je, m'a salué colonel l'année dernière, au moment où la fortune était infidèle au drapeau de la
France ; la fortune nous revient, le prince Eugène a
dicté ma réponse.—Je regrette de ne pouvoir accéder à
votre demande, me dit le comte, les règles ne le per-
mettent pas, mais vous serez lieutenant-colonel.—Merci, mon général, je veux rester chef d'escadron ; sur le
champ de bataille je conquerrai le titre de colonel.

L'Empereur connut ma réponse, et sur-le-champ,
il fit préparer et signa le décret qui me *nommait colonel* du 2e d'artillerie.

L'Empereur se montrait grand et généreux pour
quelques services dont j'étais déjà largement payé par
le succès de sa cause, qui était celle de la France.

Je reviens à Grenoble :

Grenoble et l'Isère avaient ouvert à l'Empereur les portes de la France ; lorsque vinrent les jours mauvais, lors-

que la coalition européenne, secondée par quelques traîtres, eut triomphé à Waterloo, Grenoble ne se rendit pas
encore, et seule, dégarnie de troupes, abandonnée au
courage de ses habitants, elle luttait contre une armée ennemie et dictait les conditions de son admission
dans la ville.

En 1789 elle avait poussé le premier cri de la liberté ;
en 1815, 7 mars, elle avait acclamé la gloire sans laquelle la liberté n'est qu'un vain mot ; quatre mois plus
tard elle luttait contre l'invasion qui venait immoler la
gloire et la liberté. Elle devait être punie, elle le fut.

Elle s'est vue enlever successivement l'école d'artillerie, l'arsenal, le chef-lieu d'une division militaire. On
la frappait, on ne la convertissait pas.

Aussi fut-elle une des premières à applaudir, en 1848,
à la chute du trône qui s'était élevé furtivement sur les
débris du trône antique des Bourbons et qui portait
dans son origine le germe de toutes les révolutions.
Elle comptait sur la sagesse des hommes que la fortune
avait appelés à fixer ses destinées, son illusion ne fut
pas de longue durée, et alors que dans d'autres localités on se plaisait à espérer encore dans des gouver-
nants improvisés qui ne comprenaient pas la liberté et
qui insultaient la gloire militaire, Grenoble voyait se
réveiller dans son sein l'esprit qui l'animait en 1815.

Elle aimait la gloire, un seul nom la lui rappelait,
celui de Napoléon ; elle aimait la liberté, une liberté
sage, fonctionnant régulièrement sous une autorité forte,
nul n'était plus propre à résoudre ce problême qu'un
Napoléon.

Elle aimait les classes laborieuses et agricoles si
longtemps délaissées, nul ne pouvait, ne devait leur
être plus sympathique que celui qui avait connu l'exil,
la persécution, les privations de tout genre, — Louis-
Napoléon.

Louis-Napoléon fut son drapeau, les hommes de
1815 l'arborèrent et dès le mois d'août 1848, des réu-
nions se formèrent.

A leur tête nous vîmes cet allié de la famille du
prince, type de la loyauté, de la droiture et de l'honneur,
que plus tard le Cher devait enlever à l'Isère, que le
Cher regrette encore aujourd'hui, M. Octave de Barral.

Nous vîmes ce maire des temps antiques, M. Ber-
riat, qui sut presque nous faire oublier les rigueurs

des gouvernements en organisant sur une vaste échelle
les sociétés de bienfaisance auxquelles Grenoble doit
son amour de l'ordre et ce sentiment de fraternité qui
la distingue ; en ornant nos quais, nos places, nos rues,
et nos promenades ; en faisant de Grenoble la ville la
plus coquette du centre de la France ; en travaillant
avec une activité infatigable à la création de ce projet
qui déjà, en 1810, frappait l'attention de l'Empereur, la
création d'un établissement thermal civil et militaire à
Grenoble.

Nous vîmes une foule de militaires, de magistrats,
de négociants, d'agriculteurs se joindre à nous. En
vain les divers partis luttèrent par leur influence usée
et leurs journaux, serviles adulateurs du pouvoir du
jour, nous vainquîmes comme en 1815. Une proclamation, signée, « au nom des napoléoniens, général Rey, »
suffit pour assurer ce succès et comme en 1815 plus de
cent mille voix répondirent à notre appel.

Nous vainquîmes et nous ne désarmâmes pas. Aussi,
au 2 décembre 1851, nous, les hommes libres, oubliés
en 1815, en 1848, nous nous retrouvâmes aux postes
avancés. Les salons de l'autorité étaient le lieu de notre
résidence, puis, dès que le triomphe fut assuré partout, comme en 1815, comme en 1848, nous rentrâmes
dans nos foyers, notre tâche était remplie.

Un gouvernement réparateur se révèle, la ville de
1815 a salué son avènement avec enthousiasme, elle
salue avec bonheur l'arrivée dans ses murs du génie
tutélaire de la France, elle espère en lui, car elle croit
à la justice, elle a confiance dans ses sentiments de
haute bienveillance, car elle est plus particulièrement
la cité de l'Empereur ; et fidèle au culte de ce nom,
le plus grand des temps modernes, elle répètera comme en 1815, avec un élan unanime : Vive Napoléon !

Le général d'artillerie REY,

Officier d'ordonnance de l'Empereur en 1815.

www.ingramcontent.com/pod-product-compliance
Lightning Source LLC
Chambersburg PA
CBHW071410030726
47594CB00006B/2389